들어 봤니?
이런 평화중재자들

수재나 라이트 글·그림 | 이승숙 옮김

들어 봤니? 이런 평화중재자들

초판 1쇄 2024년 10월 11일

글·그림 | 수재나 라이트
옮긴이 | 이승숙
펴낸이 | 조영진
펴낸곳 | 고래가숨쉬는도서관
출판등록 | 제406-2006-000090호
주소 | 서울시 서대문구 연희로 41다길 13. 바우하우스 2층
전화 | 031-955-9680~9681 팩스 | 031-955-9682
블로그 | https://blog.naver.com/goraebook
이메일 | goraebook@naver.com
편집 | 이규수 김주영

* 값은 뒤표지에 적혀 있습니다.
* 잘못 만든 책은 구입하신 서점에서 바꾸어 드립니다.
* 책의 내용과 그림은 저자나 출판사의 서면 동의 없이 마음대로 쓸 수 없습니다.
ISBN 979-11-92817-45-3 73990

PEOPLE YOU NEED TO KNOW: PEACEMAKERS
Copyright © Hodder & Stoughton Limited, 2022
Illustrations copyright © Susanna Wright, 2022
First published in Great Britain in 2022 by Wayland
Korean edition copyright © Goraebook Library, 2024
All rights reserved.
This Korean edition published by arrangement with Hodder & Stoughton Limited, on behalf of its publishing imprint Wayland, a division of Hachette Children's Group, through Shinwon Agency Co., Seoul.

제조국명 : 대한민국 | 제조자명 : 고래가숨쉬는도서관 |
사용 연령 : 10세 이상
KC마크는 이 제품이 공통안전기준에 적합하였음을 의미합니다.

차례

평화중재자들 4
노자 6
난예히 / 낸시 워드 8
에루에라 마이히 파투오네 10
앙리 뒤낭 12
레오 톨스토이 14
베르타 폰 주트너 16
모한다스 카람찬드 간디 18
로자 룩셈부르크 20
해럴드 무디 22
엘리너 루스벨트 24
넬슨 만델라 26
김대중 28
마틴 루서 킹 주니어 30
시린 에바디 32
모 몰럼 34
리고베르타 멘추 36
리마 보위 38
조엘 귀스타브 나나 응공강 40
말랄라 유사프자이 42
엑스 곤살레스 44

용어 설명 46
찾아보기 48

평화중재자들

인류는 종의 진화 이후로 끊임없이 갈등을 해결하려고 노력해 왔어요. 이러한 불굴의 협상 능력이 우리 역사를 이루어 왔지요. 동아프리카 나타루크 지역의 한 석호*에서 대량 학살로 희생된 인간의 유골 화석이 발견되었어요. 이 화석은 1만 년 전에 사람들 사이에서 일어난 최초의 폭력적인 증거라고 여겨져요. 인류와 사회가 발달하면서, 전쟁에 맞서서 평화적인 해결 방법을 찾으려고 하는 바람도 나란히 발전했어요. 몇 세기에 걸쳐, 뛰어난 주요 인물들은 전쟁으로 내달리는 인간의 원초적 행동에 앞장서서 대항해 왔어요. 그들이 바로 평화중재자들이에요.

때로는 평화를 추구하는 일이 그 자체로 투쟁일 때가 있어요. 어떤 사람들은 자신의 생명을 잃을 수 있는데도, 수많은 이들의 목숨을 구하기 위해 노력해요. 그들은 공통된 의견을 찾으려고 적에게 손을 내미는 사람들이에요.

평화중재자들은 개인이거나 어떤 단체에 소속된 사람들로, 전쟁 중인 이들을 화해시키고 비폭력적인 대화로 이끌려고 시도해요. 다툼에 끼어들어 협상을 하고 다툼의 당사자들 사이를 조정하기 위해 행동하는 거예요. 평화중재자는 억압받는 사람의 해방을 위해 일하거나, 평화가 필요한 이유에 대해 글을 써요. 또한, 유창한 연설을 통해 변화를 일으키기도 하지요.

* 석호-바다와 분리되어 생긴 호수.

오늘날에는 많은 평화 단체들이 지역에서, 자신의 나라에서, 그리고 다른 나라에서 활동하고 있어요. 그들은 분쟁과 관련해서 평화와 비폭력적인 대안을 요구하지요. 전쟁의 잔인한 행위를 해결하는 강력한 방법을 찾기도 하고요. 그들의 목표는 항상 화합을 이루어 인간의 고통을 줄이는 거예요.

이 책은 평화중재자가 된다는 것이 어떤 의미인지 몇 가지 주목할 만한 사람들의 사례를 통해 보여 줘요. 그리고 그들이 실제로 어떻게 용기와 연민을 이용했는지 각자의 독특한 이야기를 통해서 알려 주지요. 그 사람들은 모두 더 좋은 세상이 되도록 영향을 주었어요. 궁극적으로 평화중재자들의 목표는 언제나 같아요. 바로 인간은 존중받아야 하고 자유로우며 안전하게 살 자격이 있다는 믿음이에요. 오늘날은 어느 때보다 그 믿음의 핵심이 매우 중요한 때예요.

노자

기원전 6세기

> " 당신이 평온하다면 당신은 현재에 살고 있는 것입니다. "

노자는 '늙어서 태어난 스승'이라는 뜻이에요. 노자는 고대 중국의 철학자이자 시인이며 작가였어요. 도교의 근본을 이루는 한문 고전인 『도덕경』을 썼지요. 도교는 자연과 조화롭게 살고, 순간에 존재하며, '길'이나 '방법'으로 설명되는 '도(道)'를 받아들이라고 강조하는 철학이에요. 도교는 명상, 마음 챙김과 시각화를 통해 무한한 우주와 바로 지금 존재한다는 감각에 이르는 길을 알려 줘요. 흐름에 맞춰 나가며, 단순한 삶을 살고 스스로를 받아들이는 거예요. 도교 용어로 내면의 평화로 가는 길을 말하지요.

노자는 기원전 6세기에 중국 왕실 수장고*의 문서를 관리하는 일을 했어요. 노자는 절대 공식적인 스승은 아니었어요. 하지만 많은 충실한 학생들이 노자의 말씀을 듣기 위해 모여들었어요. 생명 존중, 성실, 관대함과 지지라는 네 가지 기본 덕목을 배울 수 있었거든요. 노자는 우리가 자신을 사랑하고 존중한다면, 이 사랑이 모든 존재를 향해 흘러간다고 믿었어요. 또한 그 사랑이 존경과 감사와 친절로 표현된다면, 우리는 모두 평화롭고 조화롭게 살 수 있다고 생각했지요. 노자가 생각하는 미래는 한 번에 한 사람씩 평화로운 세상을 만드는 거였어요.

현대 과학 연구는 노자의 가르침인 마음 챙김, 명상과 감사를 알맞게 이용한다면 인간의 행복과 복지가 증가한다는 것을 입증했어요. 오늘날 중국과 전 세계에서 많은 사람이 위대한 세계의 종교들 가운데 하나인 도교를 실천하고 있어요.

* 수장고 – 귀중한 것을 고이 간직하는 창고.

난예히 / 낸시 워드

1738년 – 1822년

 우리의 외침은 모두 평화를 위한 것이니, 계속 외칩시다.
이 평화는 영원히 계속되어야 합니다.

난예히는 체로키족 여성으로 나중에는 낸시 워드라고 불리게 돼요. 난예히가 태어난 시기에는 몇 천 년 동안 아메리카 대륙에서 살아온 체로키 민족과 미국 군대와 유럽 정착민이 서로 싸우고 있었어요. 난예히는 그들 사이에 평화를 세우는 일이 자신의 책임이라고 여겼어요.

어렸을 때 난예히는 들장미라고 불렸어요. 그러다가 집으로 인도하는 영혼들의 환영을 본 뒤에 '조상신과 함께 있는 사람'이라는 뜻인, 난예히가 되었어요. 나중에 난예히는 킹피셔라는 체로키족 전사와 결혼했어요. 남편이 1775년 부족 간의 전투에서 전사하자 난예히는 남편의 소총을 들고 체로키족을 승리로 이끌었어요. 체로키족은 그 용기를 기리기 위해, 난예히를 '사랑하는 여인'이라고 불렀지요. 난예히는 부족 협의회 일원으로서 포로의 생명을 구해 줄 권력을 갖게 되었어요. 그리고 난예히의 동정심 덕분에 많은 백인 정착민들이 목숨을 구할 수 있었어요.

전쟁의 폐해를 너무나 잘 알고 있던 난예히는 모두가 평화롭게 함께할 수 있다고 믿었어요. 그래서 정착민들과 거래를 하고 친구가 되었어요. 난예히는 영국 상인과 결혼했고, 그들의 농사법을 받아들였어요. 최초로 체로키 목장주이자 낙농가가 되었지요. 1781년에는 체로키족과 미국인들을 도와서 평화 조약 협상을 이루었어요. 난예히가 감동적인 연설을 한 뒤에, 체로키족은 계속해서 그들의 땅을 간직하는 데 동의했어요. 난예히는 나이가 들며 전설적인 인물이 되었어요. 고아들을 돌본 것은 물론이고, 체로키족이 살던 곳에서 쫓겨나 강제로 몇백 킬로미터를 걸어가는 환영을 보고는 부족에게 더는 땅을 팔지 말라고 충고했지요. 나중에 그 환영은 사실로 증명되었답니다.

에루에라 마이히 파투오네

1764년 – 1872년 9월 19일

> **Ko te whaiti a Ripia! 코 테 파이티 아 리피아!**
> (우리는 수로는 적어도 전투에서는 용맹합니다!)

에루에라 마이히 파투오네는 뉴질랜드 북섬에 있는 호키앙가의 응가티 하오(Ngati Hao) 지역의 마오리 추장이었어요. 그리고 파투오네는 살아가는 내내 유럽인들의 정착이 가져올 잠재적 이익에 큰 관심을 가졌어요. 마오리족 전설에서는 정착민이 올 거라고 오래전부터 예언하고 있었어요. 여기서 말하는 정착민은 대체로 '파케하*' 또는 영국 출신이거나 출신 배경이 마오리족이 아닌 사람을 뜻해요. 파투오네는 그들을 돌아가게 할 수 없다고 보았어요. 그러므로 새로운 시대는 되도록 평화롭게 받아들여야 한다고 여겼지요.

평화중재자로 알려진 파투오네는 파케하의 아버지라고도 불렸어요. 파투오네의 보호 덕분에 그들이 동화되어 뉴질랜드에서 정착하는 게 크게 위험하지 않았거든요. 파투오네는 1835년에 뉴질랜드 연합 부족의 독립 선언서인 '헤 파카푸탕가'에 서명한 족장들 중 하나였어요. 토착민의 힘을 과시함으로써 땅의 권리가 마오리족 지도자들로 이루어진 연합 부족 연맹에 있을 거라고 선언한 거예요. 족장들은 그들의 영토에서 영국 국민들을 보호하는 대가로, 영국 국왕이 다른 나라들로부터 마오리족을 보호할 것을 요청했어요. 1840년에 파투오네는 와이탕기 조약에도 서명했어요. 그것은 땅에 대해 마오리족의 완전한 소유권을 보장하고, 마오리족에게 영국 시민의 권리를 제공한다는 조약이었지요.

개발도상국의 주요 활동가였던 파투오네는 마오리족의 권리, 그리고 유럽 정착민들과 마오리족 간의 평화를 따뜻하고 용감하게 지지한 사람으로 널리 알려져 있어요.

---

* 파케하(Pākehā) – 마오리어로 뉴질랜드 원주민인 마오리족과 와이탕기 조약을 맺고 동등한 관계에서 한 나라를 이룬 백인들을 지칭하는 말.

앙리 뒤낭

1828년 5월 8일 – 1910년 10월 30일

> " 우리의 진정한 적은 이웃 나라가 아닙니다.
> 그것은 굶주림, 가난, 무지, 미신과 편견입니다. "

스위스의 인도주의자 앙리 뒤낭의 삶은 시작과 끝이 매우 달랐어요. 부유하게 태어났지만, 오랫동안 몹시 가난하게 살다가 호스피스* 시설에서 사망했거든요. 사업에서 큰 성공을 거두었으나 사업을 소홀히 하며 평화 운동을 지지하기도 했고요. 그러면서 국제적십자위원회를 창설해 적극적으로 참여했지요. 뒤낭은 적십자 활동을 하면서 수많은 사람의 생명을 구했어요.

1859년에 뒤낭은 사업 관련 문제를 해결하기 위해 전쟁 중이었던 이탈리아의 솔페리노*에 갔어요. 뒤낭은 그곳에서 비참하고 끔찍한 전쟁을 목격했어요. 사망자와 부상자들이 최소한의 치료도 못 받고 온갖 곳에 누워 있었지요. 이에 뒤낭은 그 경험을 기반으로 『솔페리노의 회상』이라는 책을 썼어요. 그리고 그 책을 통해 어떻게 하면 전쟁 중에 다친 군인들을 돕는 자발적 원조 단체를 만들 수 있는지 생각했어요.

뒤낭은 전쟁의 고통을 줄이기 위해 어느 편에도 치우치지 않는 중립적 조직을 설립했어요. 그러고는 유럽을 여행하면서 조직의 목표와 미래를 알렸지요. 뒤낭의 아이디어가 널리 퍼지면서 국제적십자위원회가 만들어졌어요. 마침내 1864년에 국제적십자위원회 회의가 열렸고, 열두 국가가 전쟁터에서 다친 군인들을 보호한다는 서약인 '제네바 협정'에 서명했어요. 뒤낭은 그의 비전과 업적을 인정받아서, 1901년에 동료 평화 운동가인 프레데리크 파시와 함께 노벨 평화상을 수상했어요.

---

* 호스피스 – 죽음이 가까운 환자가 위안과 안락을 얻을 수 있게 하는 특수 병원.
* 솔페리노 – 제2차 이탈리아 통일 전쟁 중이던 1859년에 사르데냐와 프랑스 동맹군이 오스트리아 군대를 물리친 전투가 일어난 장소.

레오 톨스토이

1828년 9월 9일 – 1910년 11월 20일

 모든 사람이 자신의 신념을 위해 싸운다면
전쟁은 일어나지 않을 것입니다.

레오 톨스토이*는 세계적으로 유명한 러시아 소설가예요. 지금도 사람들이 가장 심오한 책으로 여기는 『전쟁과 평화』(1869년)와 『안나 카레니나』(1877년)라는 소설을 썼어요. 귀족으로 태어난 톨스토이는 성인이 되자 귀족의 특권을 갖고 생활하기 시작했어요. 하지만 스스로 평화주의자임을 인정하며 귀족의 삶을 끝냈어요. 톨스토이는 기독교 무정부 상태를 열렬히 믿었어요. 바로 예수의 가르침에 표현된 하느님의 권위가 인간 사회의 권위보다 더 크다고 생각한 거예요.

톨스토이는 1853년에서 1856년에 걸쳐 벌어진 크림 전쟁에 군인으로 참전했어요. 이때 크나큰 절망의 시기를 보냈지요. 톨스토이가 변화한 잠재적인 원인이 그 경험 때문일 수 있어요. 이 변화로 톨스토이는 정신적 깨달음을 얻게 되었거든요. 1882년에 발표한 수필 『고백록』에 이러한 고뇌의 과정이 그려져 있어요. 톨스토이는 젊었을 때 자신이 한 일과 본 것에 많은 고통을 받았기 때문에, 비폭력 저항에 관한 평화주의적 생각을 발전시켰어요. 이 생각은 간디와 마틴 루서 킹 목사 같은 20세기의 중요한 사상가들에게 영향을 주었어요. 톨스토이가 살아 있던 마지막 해에, 그와 간디는 평화의 윤리와 인간 정신에 대해 편지를 주고받았어요.

톨스토이는 우리가 폭력에 평화적으로 저항할 필요가 있음을 아주 열정적으로 알렸어요. 이 사상은 1894년 작품인 『하느님의 나라가 당신 안에 있습니다』에 아주 명확하게 표현되어 있어요. 톨스토이는 노벨 평화상과 노벨 문학상 후보로 여러 번 올라갔어요. 결국 노벨상을 받지는 못했지만, 톨스토이는 지금도 그의 글과 철학으로 전 세계에서 기억되고 칭송받고 있어요.

* 레오 톨스토이 – 본명은 레프 니콜라예비치 톨스토이(Lev Nikolaevich Tolstoi)이며 레오 톨스토이(Leo Tolstoy)는 영어식 이름.

베르타 폰 주트너

1843년 6월 9일 – 1914년 6월 21일

> " 영원한 진리 가운데 하나는
> 행복이 평화 안에서 창조되고 발전된다는 것입니다. "

베르타 폰 주트너는 노벨 평화상을 설립하는 데 영향을 준 평화주의자였어요. 주트너는 프라하가 오스트리아 제국의 일부였던 때에 귀족 집안에서 태어나 성장했어요. 그리고 1873년에 빈에 가서 결혼하게 될 남자를 만났어요. 그 남자는 주트너의 스승이자 동반자가 되었어요. 하지만 남자의 가족들이 결혼을 반대해서 주트너는 파리로 갔어요. 그러고는 유명한 발명가이자 공학자인 알프레드 노벨의 비서로 일했지요. 겨우 일주일간 일했지만, 주트너는 노벨과 평생 우정을 나눌 정도로 영향력이 있었어요.

결혼 후, 주트너는 가정 교사로 일하며 생계를 유지했어요. 일을 하는 동안 평화 추구를 통해서만 인류가 진정한 진보를 이룰 수 있다는 개념을 발전시키면서 글을 쓰는 데 더 많은 에너지를 쏟았어요. 평화 단체의 큰 뜻을 돕기 위해 주트너는 가장 유명한 작품인 『무기를 내려놓으라!』를 써서 1889년에 출판했어요. 책이 곧바로 성공하면서 전쟁의 비참하고 끔찍한 상황에 대해 강력한 비난이 이어졌어요.

주트너는 평화 운동의 탁월한 지도자가 되어 평화 단체들을 설립하고 국제회의에 참석했어요. 그리고 친구인 노벨에게 평화 운동이 필요하다고 설득했어요. 매우 부유했던 노벨은 이렇게 대답했어요. "나에게 정보를 제공하고, 나를 설득하면 나는 평화 운동을 위해 훌륭한 일을 하겠소." 노벨은 평화상을 제정할 생각이라고 제안했어요. 3년 후 1896년에 노벨이 세상을 떠나고, 사람들은 노벨이 노벨상을 만들기 위해 많은 돈을 모았다는 걸 알게 되었어요. 평화주의에 대한 지칠 줄 모르는 헌신으로, 주트너는 1905년 여성 최초로 노벨 평화상을 받았어요.

모한다스 카람찬드 간디

1869년 10월 2일 – 1948년 1월 30일

 온화한 방법으로, 여러분은 세상을 흔들 수 있습니다.

모한다스 카람찬드 간디는 마하트마 간디로 알려져 있어요. '마하트마'는 '위대한 영혼'이라는 뜻이에요. 간디는 식민지주의를 반대하고 불의에 비폭력적으로 저항했어요. 영국의 통치에서 벗어나기 위해 인도의 독립운동을 이끌며 전 세계 시민권 운동에 영감을 주었지요.

간디는 인도 서부 구자라트주의 힌두교 가정에서 태어났어요. 그리고 영국에서 변호사 교육을 받은 후에 남아프리카공화국으로 이주했지요. 하지만 그곳의 인도 공동체는 차별을 받고 있었어요. 이에 간디는 비폭력적인 시민 불복종 운동으로 저항하며 부당한 법을 따르기를 거부했어요. 1915년 인도로 돌아온 간디는 노동자들에게 인도를 통치하는 영국의 '라지'가 요구하는 지나친 토지세에 항의하라고 권했어요. 간디는 1921년에 인도 국민회의*의 지도자가 되어 자치를 뜻하는 '스와라지'를 향한 운동을 계속 조직했어요. 사람들은 간디가 자급자족을 상징하는 물레인 차르카를 들고 있는 모습을 자주 목격했어요.

간디는 빈번하게 교도소에 갇히면서도 평화적으로 저항해야 한다고 주장했어요. 진리와 정의를 추구하는 평화적 수단을 의미하는 '사탸그라하' 운동은 인도 독립운동의 핵심 전략이었어요. 1942년에 간디는 영국에 인도 통치를 그만둘 것을 요구했고, 마침내 인도는 1947년에 영국으로부터 독립했어요. 하지만 인도는 힌두교도가 다수인 인도와 이슬람교도가 다수인 파키스탄으로 분리되어 분쟁이 일어났어요. 결국 1948년에 간디는 그가 이슬람교도들을 지지한다고 믿었던 남자에 의해 암살당하고 말았어요. 사실 간디는 힌두교도들과 이슬람교도들이 평화롭게 더불어 살 것을 요구했는데 말이에요. 간디가 암살당한 다음 날, 백만 명의 사람들이 모여 자유를 위해 평생을 바친 위대한 영혼에 경의를 표했어요.

* 인도 국민회의 – 1885년에 결성된 인도의 보수 정당.

로자 룩셈부르크

1871년 3월 5일 – 1919년 1월 15일

> " 움직이지 않는 자는 자신을 옭아맨 사슬을 깨닫지 못합니다. "

로자 룩셈부르크는 폴란드에서 태어난 독일의 혁명가예요. 그리고 비타협적인 반전 운동가로 자유와 공정성을 위해 열정적으로 일을 했어요. 1899년에 쓴 책인 『개혁이냐 혁명이냐』에서 자신의 생각을 표현하기도 했어요. 그러면서 룩셈부르크는 모든 사람의 권리를 지지하기 위해 사회가 가장 잘 구성될 수 있는 방법에 관심을 가졌어요.

룩셈부르크는 폴란드 사회민주당과 그 후에 독일 공산당으로 성장한 스파르타쿠스 연맹을 만든 핵심 세력이었어요. 그리고 자본주의가 착취 위에 세워졌다고 믿었어요. 자본주의는 지속적인 경제 성장을 필요로 하니 결국 다른 나라로까지 세력을 확장해야 할 것이라고 보았던 거예요. 그러면 전쟁, 식민주의, 총체적 불평등과 천연자원의 파괴를 일으킬 것이라고 여겼지요. 이 때문에 룩셈부르크는 일부 사람들에게 자본주의의 장기적인 영향을 예견한 진정한 선지자로 일컬어지기도 했어요.

룩셈부르크는 제1차 세계 대전을 격렬하게 반대했어요. 1918년에 전쟁이 끝났을 때, 독일은 정치 세력이 통제권을 잡으려고 충돌하면서 혼란에 빠졌어요. 룩셈부르크는 급진주의자인 동료 카를 리프크네히트와 함께 스파르타쿠스 연맹 운동을 주도하며 정부를 무너뜨리려고 했어요. 정의롭고 평화로운 사회가 어떤 것인지에 대한 개념을 만들려고 한 거지요. 하지만 1919년 1월 베를린에서 룩셈부르크와 리프크네히트는 민간 우익 준군사조직인 프라이코어(자유군단)의 단원들에게 체포되었어요. 그들은 살해되었고, 룩셈부르크의 시신은 베를린의 란트베어 운하에 던져졌어요. 그리고 자유 군단의 많은 구성원은 나치 당원이 되었어요. 스파르타쿠스 봉기가 성공했다면, 20세기는 매우 달라졌을지도 몰라요.

해럴드 무디

1882년 10월 8일 – 1947년 4월 24일

> 우리의 일은…… 적 비행기들의 윙윙거리는 소리와
> 아군의 총소리로 이어져야 합니다.

해럴드 무디 박사는 1900년대에 영국 흑인들의 권리를 위해 활동한 획기적인 대사였어요. 자메이카의 독실한 기독교 가정에서 태어난 무디는 1904년에 영국으로 건너가 의학을 공부했어요. 하지만 곧바로 인종 차별을 접하고 인종 평등을 위한 열정적인 운동가가 되었어요. 무디는 킹스 칼리지 런던 대학교에서 1등으로 의사 자격을 받았지만, 피부색 때문에 일을 구할 수 없었어요. 그럼에도 무디는 주저하지 않고 런던 남동부 펙햄에 병원을 열었어요. 당시에는 사회에서 다른 인종 간의 연애를 격렬하게 반대했었어요. 하지만 무디는 두려워하지 않고 간호사이자 동료였던 백인 여성 올리브 트랜터와 결혼했어요. 무디 부부는 6명의 아이를 낳았답니다.

무디는 동정심이 강한 사람으로 유명했어요. 국민 건강 사업이 시작되기 전에 영국에서는 의료비가 많이 들었어요. 그러나 무디는 가난한 아이들을 무료로 치료해 주었지요. 제1차 세계 대전 후에는 영국에서 인종 차별이 고조되고 인종적 긴장 상태가 폭발 직전에 이르렀어요. 무디는 이를 의식하여 다른 사람들과 유색 인종 연맹을 설립하고 회원들의 복지를 증진하고 보호했어요. 이 단체의 목표는 전 세계 흑인들의 성공을 지지하고 편견에 맞서서 캠페인을 벌이는 것이었어요. 무디는 모든 곳에서 흑인들의 교육적, 정치적, 사회적, 경제적 권리를 위해 싸웠어요. 1943년에는 비유럽인들의 복지에 관한 정부 자문 위원에 임명되었지요.

무디는 인종 차별적 적대감 앞에서 카리스마 있게 원칙적으로 맞섰어요. 1947년 죽을 때까지 연맹의 회장으로서 인종 평등을 위한 싸움에 일생을 바쳤어요.

엘리너 루스벨트

1884년 10월 11일 – 1962년 11월 7일

> " 미래는 자신의 꿈의 아름다움을 믿는 사람들의 것입니다. "

엘리너 루스벨트는 미국의 뉴욕에서 태어난 선구적인 인도주의자였어요. 엘리너는 특권과 비극으로 특징지어진 가정에서 태어났어요. 미국 26대 대통령의 조카였지만, 열 살이 되기 전에 한 명의 형제와 부모가 죽는 비극을 겪었거든요. 엘리너는 1933년부터 1945년까지 미국 대통령이었던 프랭클린 D. 루스벨트의 부인으로 대중의 주목을 받았어요. 그러나 엘리너는 영부인이라는 위치를 이용해서 인권 운동가로서 영향력을 키웠어요. 신문과 잡지에 칼럼을 썼고, 기자 회견을 열었으며, 주간 라디오 쇼를 진행했어요. 영부인이 이런 일을 하는 건 흔치 않았어요. 심지어 엘리너는 아동 복지, 주택 개혁, 인종 평등, 여성의 권리를 옹호함으로써 논란을 일으켰어요. 나중에는 제2차 세계 대전 난민의 권리를 위해 캠페인도 벌였지요.

1945년에 남편인 대통령의 죽음 후에도, 엘리너는 계속해서 정치 활동을 했어요. 미국이 유엔(UN)에 가입할 것을 촉구했고, 유엔의 첫 번째 미국 대표가 되었어요. 1948년에는 세계 인권 선언 초안을 작성하는 데 중요한 역할을 했어요. 여기에서 갈등과 불평등이 가득한 세상에서 '모든 인간은 자유롭게 태어나며 존엄성과 권리가 평등하다.'라고 선언했어요. 이 선언은 거대하고 지속적인 의미를 지녔어요. 세계 인권 선언은 '모든 인간 가족 구성원의 고유한 존엄성'에 대해 말하고 있어요. 이 특별한 문서의 원동력이 된 것은 엘리너가 남긴 가장 큰 유산이에요. 1961년에 존 F. 케네디 대통령은 엘리너를 대통령의 여성 지위 위원회 위원장으로 임명했어요. 1년 후 사망할 때까지 엘리너는 계속해서 큰 영향력을 행사했어요. 널리 칭송과 존경을 받았고, 평화와 평등에 대한 변함없는 헌신을 인정받아 트루먼 대통령으로부터 '세계의 영부인'이라고 불렸어요.

넬슨 만델라

1918년 7월 18일 – 2013년 12월 5일

> 적과 평화를 이루고 싶다면 적과 협력해야 합니다.
> 그러면 적이 당신의 파트너가 됩니다.

넬슨 만델라 대통령은 남아프리카 트란스케이에서 템부 부족장의 아들로 태어났어요. 그리고 영감을 주는 세계적인 아이콘이 되었어요. 당시 남아프리카공화국에는 유색 인종을 차별하는 아파르트헤이트 정책이 있었어요. 만델라는 '분리'를 뜻하는 아파르트헤이트를 무너뜨리는 데 앞장섰어요. 후에는 남아프리카공화국의 첫 흑인 대통령이 되어 역사를 만들었고요.

만델라는 변호사가 되는 교육을 받았고, '아프리카 민족 회의(ANC)'라는 단체에 가입했어요. 이곳에서는 집권당인 국민당의 인종 차별 정치에 저항했어요. 인종 차별 정치는 전국의 10퍼센트 미만인 백인이 다른 모든 사람을 억압할 수 있게 허용했기 때문이에요. 아프리카 민족 회의에 적극적으로 참여한 만델라는 반역죄로 기소되어 종신형을 선고받았어요. 재판을 받으면서 만델라는 4시간 동안 특별한 연설을 했어요. "저는 모든 사람이 동등한 기회를 얻고 조화롭게 함께 사는 민주적이고 자유로운 사회라는 이상을 소중히 여겨 왔습니다. 이 이상을 위해 살아가고 싶고, 그걸 반드시 이루고 싶습니다. 하지만 필요하다면, 이것을 위해 죽을 준비도 되어 있습니다."

만델라는 27년 동안 교도소에 갇혀 있었어요. 그러는 동안 만델라의 명성은 저항의 강력한 상징으로 높아졌지요. 1990년에 F. W. 데 클레르크 대통령이 국제적인 압력과 인종 간 내전에 대한 두려움 때문에 만델라 대통령을 석방했어요. 만델라와 데 클레르크는 함께 아파르트헤이트의 종식을 협상했어요. 이 일로 두 사람은 1993년에 노벨 평화상을 수상했어요. 그리고 1년 후 만델라는 대통령이 되었어요. 깊은 존경과 사랑을 받은 만델라 대통령은 '국민의 아버지'로 알려졌지요.

김대중

1924년 1월 6일 - 2009년 8월 18일

" 이제부터 역사를 만듭시다. "

김대중 대통령은 '아시아의 넬슨 만델라'와 '햇볕 정치인'으로 알려진 대한민국의 정치인이에요. 대한민국에서 최초로 대통령이 된 야당 후보이기도 하고요. 정치인으로 활동하면서 김대중은 대한민국 정부의 위험한 독재 권력에 맞섰어요. 민주주의를 위해 끊임없이 캠페인을 벌이며 목숨을 걸고 많은 시도를 했지요.

김대중은 대한민국에서 점점 거세지는 전체주의적 억압을 목격하면서 정치에 몸담기 시작했어요. 당시에는 박정희 대통령이 군사 독재 정권의 수장으로서 나라를 통치하고 있었어요. 1969년에 박 대통령은 세 번째로 임기를 연장하기 위해 강제적으로 법을 바꾸려고 했어요. 김대중은 열정적으로 그 계획에 반대하는 연설을 했어요. 그러한 용기 덕분에 1971년 신민주당의 대통령 후보로 선출되었지요. 김대중은 대한민국 전역에 널리 퍼진 민주화 시위의 용기를 북돋는 데 도움을 주었어요. 정부를 향한 김대중의 목소리는 몹시 위협적이었어요. 때문에, 몇 년 동안 암살 시도들을 겪고 망명을 하고 감옥에 갇히며 불안정한 상태를 견뎌야 했어요. 몇십 년의 헌신 끝에 김대중은 1998년에 대통령이 되었어요.

김대중 대통령은 '햇볕정책'을 통해 1950년 이후로 전쟁 중인 대한민국과 북한 사이의 평화 통일을 추구했어요. 2000년에 김 대통령은 북한의 지도자 김정일과의 정상회담을 마련했어요. 그 결과로 40년 이상 떨어져 있던 가족들이 다시 만날 수 있게 되었어요. 김대중 대통령과 김정일 위원장은 상호 존중과 신뢰를 위한 길을 닦고, 군사적 긴장을 완화하는 공동 선언문에 서명했어요. 2000년에 김대중 대통령은 햇볕정책과 민주주의에 대한 평생의 헌신으로 노벨 평화상을 받았어요.

마틴 루서 킹 주니어

1929년 1월 15일 – 1968년 4월 4일

어둠은 어둠을 몰아낼 수 없습니다.
오직 빛만이 어둠을 몰아낼 수 있습니다.

마틴 루서 킹 주니어 목사는 침례교 목사로, 미국 민권 운동에서 가장 널리 알려지고 사랑받는 대변자예요. 킹 목사는 늘 차별에 평화적으로 이의를 제기하는 방법을 장려했어요.

킹은 그리스도의 가르침과 간디의 행동주의에 근거해 시민 불복종이라는 비폭력적 방법에 바탕을 둔 목사가 되었어요. 그리고 킹 목사는 중요한 시민권 운동을 많이 이끌었어요. 당시 흑인들은 백인에게 버스 좌석을 양보해야 했어요. 몽고메리 지역에서 로자 파크스라는 흑인 여성이 이를 거부했다가 교도소에 갇혔지요. 이 사건을 계기로 킹 목사와 흑인들은 1년 동안 몽고메리 버스 보이콧 운동을 벌였어요. 시위 중에 킹 목사는 집이 폭격당했고 체포되어 감옥에 갇히기까지 했어요. 하지만 결국 미국 지방 법원은 몽고메리의 모든 공공 버스에서 인종 차별을 금지했어요.

킹 목사는 1963년 워싱턴에서 열린 시민권 행진에서 25만 명이 넘는 사람들에게 "나에게는 꿈이 있습니다."라는 연설을 했어요. 사람들이 "피부색이 아니라 그들의 인격으로 평가받는" 세상에 대해 말했어요. 사람들은 행진하면서 고용에서의 인종 차별과 학교에서의 인종별 분리 수업을 중단할 것을 요구했어요. 1년 후에 킹 목사는 비폭력적 방법으로 인종 평등을 이루려고 헌신한 것에 대해 노벨 평화상을 받았어요.

킹 목사는 인정과 축하를 받는 동시에 끊임없이 위협을 받았어요. 1968년 4월에 테네시주 멤피스에서 "나는 산 정상에 올라가 보았습니다."라는 연설을 한 다음 날, 킹 목사는 백인 인종 차별주의자의 총에 맞아 사망했어요. 하지만 킹 목사의 빛나는 유산은 이어져, 모든 사람의 평등을 위해 노력하는 이들에게 계속 영감을 주고 있어요.

시린 에바디

1947년 6월 21일 -

나는 폭력에서는 유용하고 지속적인
그 어떤 것도 나올 수 없다고 주장합니다.

시린 에바디는 이란의 하마단에서 태어난 인권 운동가이자 변호사이며, 전직 판사이자 작가예요. 에바디는 인권과 민주주의, 특히 여성과 어린이의 인권을 위해 헌신한 공로로 2003년에 노벨 평화상을 수상했어요.

뛰어난 학생이었던 에바디는 법학 학위를 받고 판사 자격을 얻은 뒤 이란의 수도인 테헤란 시법원의 법원장이 되었지요. 그러나 이란에서는 1979년에 일어난 이슬람 혁명으로 여성의 인권을 박탈했어요. 이란이 부분적으로 서구의 영향을 받고 있다고 보수 세력이 반발했기 때문이에요. 이 이슬람 혁명 때문에 에바디는 본인이 판사로 일했던 법정의 서기로 강등당했어요. 에바디는 항의의 표시로 서기 일을 그만두고 변호사 자격증을 따기 위해 다시 힘들게 노력했어요.

에바디는 마침내 1992년에 변호사 자격증을 다시 얻었고 사람들을 보호하는 데 온 힘을 쏟았어요. 에바디는 신체적으로 아이들을 학대하는 걸 반대하는 법을 만들도록 도왔어요. 여성들이 남편과 이혼할 권리를 갖도록 운동도 벌였고요. 2001년에는 테헤란에 인권 옹호 센터를 세우는 것을 도왔어요. 1999년에는 대학생 살인 사건에 정부 관리가 연루되었다는 증거를 배포했어요. 정부 관계자들은 매우 분노했고, 이로 인해 에바디는 3주 동안 감옥에 갇히기도 했어요.

에바디는 용기 있는 일로 국제적인 명예를 얻었지만, 이란에서의 삶은 위험해졌어요. 2008년에 이란 정부는 인권 옹호 센터를 폐쇄했어요. 그다음 해에는 에바디의 노벨 평화상 메달을 빼앗았고요. 에바디는 이란을 떠났고 다시는 돌아가지 않았어요. 그리고 영국에서 평화와 자유를 위해 활동하며 이란 개혁의 필요성에 대해 계속해서 목소리를 높이고 있어요.

모 몰럼

1949년 9월 18일 – 2005년 8월 19일

> " 일을 추진하는 데는 용기가 필요합니다. "

12세기부터 아일랜드에 대한 영국의 통치는 갈등과 저항을 일으켰어요. 1916년의 더블린 부활절 봉기는 내전으로 이어졌고요. 이 내전으로 아일랜드는 둘로 나뉘게 되었어요. 새로 형성된 독립 국가인 아일랜드 공화국과 여전히 영국 일부로 남은 북아일랜드로 분리되었어요. 북아일랜드에서는 북아일랜드가 독립 국가가 되기를 원하는 공화당원들과 그대로 있자고 주장하는 왕당파 간의 갈등이 격렬해졌어요. 1960년대에는 경찰이 포함되며 폭력은 더 심해졌고, 영국군까지 투입되었어요.

영국 노동당 정치인인 몰럼은 1994년에는 북아일랜드의 예비 국무장관이, 1997년에는 북아일랜드의 국무장관이 되었어요. 몰럼은 북아일랜드의 평화를 이루는 데 근본적인 힘이 되었어요. 저돌적이고 매력적이며 인간적인 몰럼은 자기 생각을 용기 있게 말하는 사람이었어요. 이러한 점들은 '더 트러블스'라는 북아일랜드 분쟁에서 몰럼의 경쟁 당에게 영향을 주었지요. 몰럼은 전쟁의 요인이 되는 장벽들을 허물도록 도왔어요. 그리고 여러 토론에 참여하며 1998년 4월 10일에는 마침내 '성 금요일 협정'을 타결했어요. 이 역사적인 협정으로 아일랜드와 영국 양측은 권력을 공유할 수 있는 새 정부를 구성하게 되었어요.

몰럼은 영국 정치에서 매우 인기 있는 인물이었어요. 하지만 슬프게도 55세의 이른 나이에 암으로 세상을 떠났어요. 북아일랜드의 평화에 크게 공헌한 몰럼은, 역동적이고 솔직하며 유머러스했던 사람으로 기억될 거예요.

리고베르타 멘추

1959년 1월 9일 -

 대의가 정당하다고 확신할 때, 그것을 위해 싸웁시다.

리고베르타 멘추는 인권 운동가이자 페미니스트로 1992년에 노벨 평화상을 받았어요. 멘추는 고국인 과테말라와 전 세계 원주민들의 어려움을 알리는 데 평생을 바쳐 왔어요.

멘추는 마야 키체족의 후손으로, 가난한 원주민 가족의 아이로서 변화하는 사회 속 불의를 경험했어요. 1960년에 과테말라에서는 마야인들에 대한 잔혹한 내전이 시작되었어요. 군사 독재 정권과 부유한 지주들에 의해 일어난 전쟁이었지요. 수많은 마야인이 살해당하고 고향에서 쫓겨났어요. 멘추와 멘추의 가족은 평화롭게 지방을 돌아다녔어요. 그러면서 원주민들에게 그들의 권리를 가르치고 정부의 폭력적인 범죄를 고발하도록 격려했어요. 멘추와 가족들은 활동가로서 용기를 냈지만, 그로 인해 심각한 공격을 당했어요. 멘추의 어머니, 아버지, 형제가 살해됐거든요. 멘추는 그 후에 멕시코로 망명했어요.

멕시코에서 멘추는 다른 사람들과 함께 과테말라 야당 연합 공화국을 설립했어요. 그리고 강력한 대중 연설가가 되어 과테말라 정부에 원주민에 대한 폭력 행위를 멈추라고 압력을 가했어요. 1982년에 출간한 『내 이름은 리고베르타 멘추』는 세계적인 명성을 얻었어요. 멘추는 이러한 활동으로 노벨 평화상을 받았어요. 이때 받은 상금으로 멘추는 '리고베르타 멘추 툼 재단'을 설립했어요. 재단은 과테말라 원주민들에게 의료와 무료 변호 서비스를 제공하고 토착 단체들 사이의 단결을 추구했어요. 멘추는 분쟁을 끝내기 위해 고군분투하며 협상을 했어요. 이런 멘추의 노력으로 1996년에 평화 협정이 체결되었고 내전을 끝내게 되었지요. 멘추는 세계 원주민을 위한 대사가 되었어요. 그리고 오늘날까지도 평화를 위해 계속해서 일하고 있어요.

리마 보위

1972년 2월 1일 –

" 나는 진지한 낙천주의자입니다. "

불굴의 리마 보위는 라이베리아에서 태어났어요. 보위는 전쟁으로 파괴된 라이베리아의 평화를 요구하는 과정에서 많은 여성이 참여하도록 이끌었어요. 그리고 결국 성공했고요.

보위는 라이베리아에서 몇 년 사이 연달아 일어난 유혈 사태로 피해를 입은 수백만 명 중 한 명이었어요. 1989년에서 1997년, 1999년에서 2003년까지 두 차례의 내전이 벌어졌거든요. 보위는 가나로 피난을 떠나야 했어요. 하지만 거의 굶주리는 바람에 동생들과 함께 라이베리아로 돌아올 수밖에 없었어요. 주변의 혼란에 대처하기 위해, 보위는 트라우마 치유와 화해 프로그램에 자원했어요. 이것이 계기가 되어 보위는 세계적으로 유명한 평화 운동가가 되었어요. 그리고 2011년에 공동으로 노벨 평화상을 받았지요.

보위는 '평화건설 여성 네트워크(WIPNET)'에 참여해서, 여성들에게 갈등 해결에 대해 가르쳤어요. 점점 더 많은 여성이 자신의 삶을 망가뜨린 전쟁에 대해 평화적으로 항의하려는 마음을 갖게 되었어요. 그러면서 새 단체인 '평화를 위한 라이베리아 여성 대중 행동'이 만들어졌어요. 이 거대한 여성 단체는 다양한 계층적, 종교적 배경이 어우러진 단체였어요. 여성들은 모두 흰옷을 입고서 정부 청사 앞에서 피켓을 들고 전쟁의 폐해를 끝낼 것을 요구했어요.

그리고 보위는 라이베리아의 대통령 찰스 테일러에게 분쟁에 관련된 반란 단체들과의 평화 회담에 참석하도록 압력을 넣었어요. 회담이 이루어지는 동안 보위와 몇백 명의 여성들은 건물을 둘러싸고 합의를 이룰 때까지 아무도 회담 자리를 떠나지 못하게 했지요. 그들의 행동으로 역사는 바뀌었고 14년간의 전쟁은 끝이 났어요. 보위는 평화를 이루고 여성에게 권한을 부여하기 위해 용기 있게 헌신했어요. 그리고 그 공로를 인정받아 많은 상을 받았어요.

조엘 귀스타브 나나 응공강

1982년 2월 5일 – 2015년 10월 15일

 오직 아프리카인들만이 아프리카인들을 대변할 수 있습니다.

조엘 귀스타브 나나 응공강은 아프리카 성 소수자 권리를 옹호한 밝은 빛이었어요. 응공강은 무한한 에너지로 헌신하며 많은 이들의 자유와 권리를 지지하여 평화로운 삶을 살 수 있도록 했어요.

카메룬에서 태어난 응공강은 국제 인권법을 전문으로 하는 변호사 교육을 받았어요. 그리고 6개 국어를 할 수 있는 성 소수자 권리 운동가였어요. 아프리카 전역에서, 응공강이 중점적으로 지원한 일은 동성애자와 양성애자 남성과 관련한 것이었어요. 그들이 인간 면역 결핍 바이러스(HIV)에 대해 인식하도록 도왔지요. 그리고 응공강은 범아프리카주의자였어요. 사는 곳이 어디든 모든 아프리카 사람들의 정치적 통합을 믿었고, 서구 단체들에 의해 아프리카인들의 목소리가 묻히지 않도록 하는 것이 중요하다고 열정적으로 말했어요. "성 소수자 아프리카인으로서, 우리는 우리 대륙에서 유럽의 오래된 식민지의 잔해가 존재함을 느낍니다."

아프리카의 성 소수자들에 대한 편견과 싸우기 위해, 응공강은 지역적, 국가적 그리고 국제적 수준의 단체들에 깊이 관여했어요. 2005년에는 '야운데 일레븐' 사건을 강력히 옹호하면서 세계적 관심을 이끌었어요. '야운데 일레븐'은 카메룬의 수도 야운데에서 11명의 남성이 '동성애 혐의'로 체포되어 교도소에 갇힌 사건이에요. 응공강은 이 사건의 부당함을 알리는 데 헌신했어요. 언론 논평가로서 관련된 문제들에 관해 폭넓게 글을 쓰고 자주 언급했어요. 이러한 노력으로 '자의적 구금에 관한 유엔 실무 그룹'이 시민 권리와 정치 권리에 관한 국제 규약에 어긋나게 남성들을 투옥했다고 선언했어요. 그리고 야운데 사건의 11명은 풀려났어요.

응공강은 2015년 병으로 세상을 떠났어요. 아프리카와 그 너머의 성 소수자 공동체를 위한 응공강의 강력하고 아낌없는 행동주의는 큰 영향을 미쳤고, 그의 소중한 유산으로 남았어요.

말랄라 유사프자이
1997년 7월 12일 –

> **온 세상이 침묵할 때는, 하나의 목소리도 힘이 됩니다.**

말랄라 유사프자이는 여성 교육과 인권을 위해 용감하게 나선 지지자예요. 모든 어린이가 교육받을 수 있어야 한다는 운동을 벌이고 있지요. 말랄라는 열다섯 살의 나이에 생명을 잃을 위협에서 살아남았어요. 그리고 2014년에는 열일곱 살이라는 나이로 최연소 노벨 평화상 수상자가 되었어요.

말랄라는 1997년에 파키스탄 밍고라에서 태어났어요. 파키스탄의 많은 지역에서는 여성들의 교육을 허락하지 않았어요. 하지만 말랄라는 아버지가 운영하는 여성들을 위한 학교에 다닐 수 있었어요. 말랄라가 열 살이 되었을 때였어요. 탈레반이라고 불리는 엄격한 원리주의 이슬람 종파가 말랄라가 사는 지역을 장악하기 시작했어요. 그리고 그들은 여성 인권을 부정하며 여성의 교육과 투표권을 박탈했어요.

말랄라는 탈레반의 요구를 무시했어요. 아버지의 격려를 받으며, '파키스탄 여학생의 일기'라는 블로그에 글을 썼어요. 탈레반이 이곳에서 어떻게 여학생들의 교육과 권리를 억압하고 있는지를 폭로했지요. 이에 격분한 탈레반은 무장한 괴한을 보내 학교에서 집으로 돌아가던 말랄라를 살해하려고 했고 말랄라는 총에 맞았어요. 생명을 잃을 위험을 무릅쓰고, 말랄라는 영국으로 날아갔어요. 말랄라는 그곳에서 무사히 회복했을 뿐만 아니라, 모든 어린이를 위한 교육의 중요성에 대해 전 세계에 연설했어요. 진정한 영웅인 말랄라는 자신에게 총을 쏜 남자에게 이렇게 평화의 메시지를 전했어요. "내 손에 총이 있고 그 남자가 내 앞에 서 있어도, 나는 그 남자를 쏘지 않을 것입니다. (…) 이것이 바로 내 영혼이 내게 말하고 있는 것입니다. 평화롭게 지내며 모두를 사랑하세요."

엑스 곤살레스

1999년 11월 11일 -

> " 그건 다 헛소리입니다. "

2018년 2월 14일에, 엑스 곤살레스*는 미국 플로리다주 파크랜드에 있는 마저리 스톤맨 더글러스 고등학교에서 수업을 듣고 있었어요. 그 평범한 하루는 테러로 인해 공포가 되고 말았어요. 학생들과 교직원들이 총격을 받아 17명이 사망하고 더 많은 사람이 다쳤거든요. 특수경찰부대(SWAT) 팀이 학교로 오는 동안 곤살레스와 친구들은 몸을 숨겨야 했어요.

곤살레스는 슬픔과 분노를 딛고, 총기 규제법을 강화해야 한다고 날카롭게 연설했어요. 트럼프 대통령과 다른 사람들은 그런다고 해서 총기 폭력이 줄어들지 않을 거라고 주장했어요. 이에 반응해 총기 사건 3일 후에 열린 집회에서 곤살레스는 "그건 다 헛소리입니다."라고 말했어요.

곤살레스의 연설은 SNS에서 빠르게 퍼져 나갔고, 곤살레스는 이 관심을 이용해서 미국의 총기 규제에 대한 전면적인 점검이 필요하다는 메시지를 강조했어요. 곤살레스와 다른 파크랜드 생존자들은 2018년 3월 24일에 전국적으로 '우리 삶을 위한 행진'을 조직했어요. 그리고 곤살레스는 행동주의 역사에서 주목받을 만한 연설을 했어요. 시위 중 파크랜드 총기 난사 사건에서 살해된 모든 희생자의 이름을 부른 다음, 전 세계가 지켜보는 가운데 묵념했어요. 연설과 묵념은 6분 30초 동안 이어졌어요. 살인자가 모든 사람을 총으로 쏴 죽이는 데 걸린 시간과 같았지요.

이 시위에 영감을 받은 플로리다주 의회는 총기 취득에 상당한 제한을 두는 '마저리 스톤맨 더글러스 고등학교 공공 안전법'을 통과시켰어요. 플로리다주 주지사는 학교 학생들에게 이렇게 말했어요. "여러분은 여러분의 목소리를 듣게 했습니다. (…) 여러분은 변화가 있을 때까지 싸웠습니다." 그 변화를 이끌던 곤살레스는 지금도 평화 행동주의 활동을 계속하고 있어요.

* 엑스 곤살레스는 본인이 붙인 이름으로, 원래 이름은 에마 와이즈 곤살레스(Emma Wise González)이다.

용어 설명

권한 부여 – 누군가에게 권력을 부여하는 것. 더 강력해지는 과정. 자신의 권리와 생명에 대한 통제권을 갖는 것.

노벨 평화상 – 스웨덴의 발명가이자 엔지니어, 그리고 사업가인 알프레드 노벨이 제정한 5개의 노벨상 가운데 하나로, 1901년 3월부터 매년 세계 평화를 증진하기 위해 가장 많은 일을 한 개인이나 사람들에게 수여됨.

단결 – 하나가 된 상태.

대사 – 한 주권자나 국가에 의해 그 대표로서 다른 국가에 거주하기 위해 파견되는 외교 공무원. 또한, 어떤 운동이나 이상의 비공식적인 또는 공식적인 대표.

덕목 – 행동으로 보이는 우수한 도덕적 기준.

도교 – 노자의 저서를 바탕으로 한 중국 기원의 철학적 전통으로, '길'을 의미하고 존재의 근원으로 묘사되는 '도'와 조화를 이루어 살 것을 주장함. 이러한 조화는 '세 가지 보물'인 연민, 검소함, 겸손을 통해 이룰 수 있음.

독재 – 독재자에 의한 정부 통치. 한 사람이나 독점적인 집단이 국가에 대한 완전한 권한을 갖고, 국민의 권리를 제한하고 언론의 자유를 제거하는 경우.

동화 – 받아들이고 비슷하게 만드는 과정. 역사적으로 다양한 유산의 집단과 개인이 지배적인 사회 문화의 습관과 태도를 습득하는 과정.

민주주의 – 선거에서 가장 많은 구성원들의 표를 받은 쪽이 통치하기로 결정하는 제도.

분리 – 일종의 사람 또는 사물을 다른 사람 또는 주요 집단으로부터 따로 두거나 분리하는 일.

불안정한 상태 – 소란, 동요, 난류 같은 동요하고 폭력적인 격동의 상태.

비타협적 – 다른 사람의 의지에 굽히지 않는 것. 다른 사람에게 양보하거나 자신의 의견을 바꾸는 것을 거부함.

성 소수자(LGBT) – 레즈비언(Lesbian), 게이(Gay), 양성애자(Bisexual) 및 트랜스젠더(Transgender)를 나타내는 머릿글자.

식민주의 – 한 국가가 다른 나라를 완전히 또는 부분적으로 지배하고, 정착민들과 함께 그곳을 점령하고 토착민들에 대해 문화적, 사회적, 정치적, 경제적인 지배를 유지할 때를 말함.

심오 – 강렬하고 영향력 있고 의미 있음.

아파르트헤이트 – 남아프리카공화국의 아프리칸스어로 '분리'를 의미. 인종에 따라 사람들을 분리하는

시스템이나 정책.

억압 – 권력의 부당한 사용을 통해 다른 사람이나 다른 사람의 자유와 행복을 제한하는 것.

원주민 – 특정 장소에서 자연적으로 유래하거나 발생하는 사람 또는 사물.

연민 – 다른 사람의 고통에 깊이 감명받고 그것을 완화하려는 동기를 느끼게 하는 감정.

원칙 – 옳고 그름에 대해 인식된 한 도덕적 가치에 따라 정직하고 성실하게 행동하는 자질.

유산 – 사람 또는 세대가 죽은 후에 물리적, 금전적 또는 개념적인 어떤 것이 한 사람 또는 세대에서 다른 세대로 전달됨.

윤리 – 개인이 어떻게 행동하는지 결정하는 옳고 그름에 대한 개인적인 감각. 또한, 이런 도덕적 원칙을 다루는 지식의 한 분야.

이의 – 공식적으로 개최된 의견에 반대하는 의견을 보유하고 승인을 보류하는 것.

인도주의자 – 생명을 구하고, 고통을 줄이고 평화와 행복의 기회를 증가시킴으로써 인류 복지를 지원하려고 하는 사람.

자본주의 – 이윤을 창출하기 위해 재산 및 무역과 산업이 개인에 의해 소유되고 통제되는 경제 및 정치 시스템.

저항 – 무언가에게 순종하거나 따르거나 받아들이는 것을 거부하는 일.

전체주의 – 개인 삶의 모든 측면에 대한 절대적인 통제를 요구하는 정부 체제.

투옥 – 교도소 또는 감옥에 갇힘.

특수경찰부대(SWAT) – 특수 무기를 가진 법 집행 기관. SWAT는 특수 무기와 전술(special weapons and tactics)의 약자임.

평화주의 – 전쟁, 폭력 및 군국주의에 대한 반대로 분쟁이 평화적으로 해결되어야 한다는 믿음.

행동주의 – 사회적 또는 정치적 변화를 이루기 위해 직접 지속해서 행동하는 일.

협상 – 논쟁이나 분쟁에서 양측 모두에게 적합한 합의를 얻기 위한 목적으로 문제를 흥정하거나 논의하는 일.

찾아보기

F. W. 데 클레르크 대통령 26
가나 38
갈등 해결 38
『개혁이냐 혁명이냐』 20
『고백록』 14
과테말라 36
국제적십자위원회 12
김대중 대통령 28, 29
김정일 위원장 28
"나는 산 정상에 올라가 보았습니다"
연설 30
"나에게는 꿈이 있습니다" 연설 30
나타루크 대학살 4
난예히(낸시 워드) 8, 9
남아프리카 18, 26
『내 이름은 리고베르타 멘추』 36
넬슨 만델라 26, 27, 28
노벨 문학상 14
노벨 평화상 12, 14, 16, 26, 28, 30, 32, 36, 38, 42
노자 6, 7
뉴질랜드 10
대한민국 28
『도덕경』 6
독일 20
라이베리아 38
레오 톨스토이 14, 15
로자 룩셈부르크 20, 21
로자 파크스 30
리고베르타 멘추 36, 37
리마 보위 38, 39
마야인 36
마오리족 10
마저리 스톤맨 더글러스 고등학교 공공 안전법 44

마틴 루서 킹 주니어 목사 14, 30, 31
말랄라 유사프자이 42, 43
멕시코 36
모 몰럼 34, 25
모한다스 카람찬드 간디('마하트마') 14, 18, 19, 30
『무기를 내려놓으라!』 16
미국 8, 24, 30, 44
박정희 대통령 28
베르타 폰 주트너 16, 17
북아일랜드 34
북한 28
비폭력 저항 14, 30
성 금요일 협정 34
성 소수자 권리 40
세계 인권 선언 24
『솔페리노의 회상』 12
스파르타쿠스 연맹 20
시린 에바디 32, 33
시민 권리와 정치 권리에 관한 국제 규약 40
시민 불복종 18, 30
아일랜드 공화국 34
아파르트헤이트 26
아프리카 26, 40
아프리카 민족 회의(ANC) 26
『안나 카레니나』 14
알프레드 노벨 16
앙리 뒤낭 12, 13
야운데 일레븐 40
에루에라 마이히 파투오네 10, 11
엑스 곤살레스(에마 와이즈 곤살레스) 44, 45
엘리너 루스벨트 24, 25
여성의 권리 24, 32

영국 8, 10, 18, 22, 32, 34, 42
올리브 트랜터 22
유색 인종 연맹 22
유엔 24, 40
이란 32
이탈리아 12
인도 18
인종 평등 22, 24, 30
자본주의 20
『전쟁과 평화』 14
제1차 세계 대전 20, 22
제2차 세계 대전 24
제네바 협정 12
조엘 귀스타브 나나 응공강 40, 41
존 F. 케네디 대통령 24
중국 6
찰스 테일러 대통령 38
체로키 민족 8
카를 리프크네히트 20
카메룬 40
크림 전쟁 14
트럼프 대통령 44
트루먼 대통령 24
파카푸탕가(뉴질랜드 부족 연합의 독립 선언서) 10
파키스탄 18, 42
파키스탄 여학생의 일기 42
평화주의 14, 16
프랭클린 D. 루스벨트 대통령 24
프레데리크 파시 12
『하느님의 나라가 당신 안에 있습니다』 14
해럴드 무디 22, 23